AF467961

VILLE DE BASTIA.

INAUGURATION DE LA STATUE DE NAPOLÉON IER

BASTIA

CÉSAR FABIANI, IMPRIMEUR-LIBRAIRE

1854

INAUGURATION DE LA STATUE

DE

NAPOLÉON Ier

L'inauguration de la statue colossale en marbre de l'Empereur Napoléon Ier, chef-d'œuvre du célèbre sculpteur Bartolini, a eu lieu le 15 Juin 1854.

Toutes les dispositions avaient été prises par l'Administration municipale afin de donner à cette solennité le plus grand éclat possible.

A 11 heures du matin toutes les autorités se sont réunies dans l'église de St-Jean où s'étaient portés en foule les habitants de la Ville et de l'Intérieur.

Mgr l'Évêque d'Ajaccio, Mgr l'Évêque d'Hétalonie, son auxiliaire, et un nombreux clergé occupaient le sanctuaire.

Les places réservées aux fonctionnaires publics étaient occupées par M. le général Talandier, commandant la Division, M. Thuillier, préfet de la Corse, M. Abatucci Séverin, député de la Corse au Corps législatif, MM. les membres de la Cour impériale en robe rouge, M. le sous-préfet de l'Arrondissement, M. Ruelle, recteur de l'Académie, MM. les membres des tribunaux de 1re Instance et de Commerce, M. Lota, maire de la Ville, M. le Proviseur et MM. les Professeurs du Lycée impérial en grand costume, et toutes les autres Autorités de la Ville; MM. Peretti, sous-préfet de Calvi, Pietri, sous-préfet de Sartene, et Zevaco, maire d'Ajaccio, qui avaient bien voulu accepter l'invitation qui leur avait été adressée.

Il y avait également un grand nombre de maires des communes de l'Arrondissement.

Mgr l'Évêque d'Ajaccio a célébré la sainte Messe qui a été suivie du *Te Deum* et de la bénédiction du Saint Sacrement. On s'est rendu ensuite sur la place St-Nicolas où se trouvaient déjà la garnison de la Ville et un très-grand concours de population.

Les Autorités ayant pris place sur les tribunes qui leur avaient été réservées, le Clergé a chanté le *Domine salvum fac Imperatorem;* et aussitôt après les discours suivants ont été prononcés,

Par M. le général Talandier, qui s'est livré à l'improvisation.

HABITANTS DE LA CORSE,

La Princesse Pauline, dans sa juste et pieuse admiration, avait voulu que les traits augustes de son frère NAPOLÉON fussent taillés dans le marbre par l'habile ciseau du sculpteur Bartolini.

Si l'illustre Princesse qui commanda ce chef-d'œuvre, si l'éminent artiste qui l'exécuta, vivaient encore, sans doute ils ne choisiraient pas pour son inauguration d'autre place que celle-ci, en face de cette île d'Elbe, à jamais célèbre par le séjour qu'y fit l'Empereur, où il disait lui-même sentir arriver jusqu'à lui, avec la brise d'ouest, les émanations odorantes des makis de sa terre natale.

Ce n'est pas devant des Corses, dont les uns ont connu l'Empereur, dont les autres, dès leur enfance, ont été charmés par les récits merveilleux des hauts faits de leur immortel compatriote, que j'entreprendrai de retracer ici même la simple esquisse de l'épopée napoléonienne. Et d'ailleurs, ce nom magique qui, dans toutes les parties du monde, sous la hutte du sauvage, sous le chaume du pauvre, aussi bien que dans les palais, fait vibrer tous les cœurs, ce nom de Napoléon ne dit-il pas tout? N'est-il pas à la fois l'expression de la plus grande gloire des temps anciens et modernes, comme aussi de l'infortune la plus grande, la moins méritée et cependant supportée avec une noble et religieuse résignation?.....

Enfin le jour de la justice devait luire, Napoléon revit dans la postérité; les aigles triomphantes sont revenues, après un long exil, se fixer sur nos drapeaux; et les injures qu'essuya le Grand-Homme s'effacent devant les hommages solennels maintenant rendus à sa mémoire.

Ah! s'il m'était permis de mêler des souvenirs personnels à l'enthousiasme que je vois briller dans vos regards, je vous dirais que celui à qui est échu l'insigne honneur de présider à la cérémonie qui nous rassemble, jadis simple élève à l'école militaire, interrogé par l'Empereur devant une pièce de canon qu'il servait, reçut de lui ses épaulettes de sous-lieutenant; que sous les yeux de l'Empereur son sang coula deux fois, à Fleurus, à Waterloo, dans ces luttes suprêmes où le génie devait fatalement succomber sous les coups de la force aidée de la trahison.

Mais je ne vous parle ainsi que pour mieux vous faire comprendre l'émotion d'un vieux soldat de l'Empire devant l'image fidèle de son Général, de son Empereur. Cette émotion je veux la confondre dans l'enthousiasme qu'il vous tarde de faire éclater. Braves Corses! et vous aussi, Soldats, dignes successeurs des soldats que Napoléon menait à la victoire, répétez avec moi ce cri chéri des Français, ce cri qui résume, à lui seul, tant de gloire dans le passé, tant d'espérance dans l'avenir : Vive la mémoire du GRAND NAPOLÉON! Vive son digne successeur NAPOLÉON III.

Par M. Abatucci, député de la Corse,

MESSIEURS,

Il y a cinquante quatre ans, un enfant de la Corse, qui est devenu la plus grande figure de l'histoire, s'asseyait sur le trône de France. Après avoir solidement affermi le pouvoir qui traînait dans la rue et étouffait dans les convulsions de l'anarchie, après avoir puissamment élevé et reconstitué la société foulée aux pieds des révolutions, après avoir inondé le monde entier de sa gloire, il y a trente et quelques années, cette gigantesque individualité expirait de la mort la plus sublime et la plus stoïque dans le coin d'une île sauvage, placée au fond de l'Océan, lentement dévoré par la haine de ses ennemis. Jamais le génie humain ne fera éclore une plus vaste épopée! La Corse, vous le savez, a longtemps expié la gloire immense d'avoir donné au monde Napoléon et cette expiation a prouvé une fois de plus que les Corses savent tout sacrifier au culte des grands souvenirs.

Cependant, Messieurs, à mesure que le nom de Napoléon s'avançait dans le temps, il grandissait comme toute vraie grandeur; et l'on voyait sur plusieurs points de la France s'élever des monuments destinés à en éterniser la mémoire.

Dans notre pays, toutefois, rien n'indiquait au voyageur étonné que c'était ici le berceau du grand homme. Peut-être nous accusait-on alors d'indifférence, d'oubli..... Étrange erreur! Le Corse loin d'oublier les hommes qui ont honoré et illustré son pays, les entoure de son respect, de sa vénération et saisit le moment favorable pour donner un libre essor à ses sentiments généreux.

Hier on inaugurait la statue de l'illustre Paoli ; aujourd'hui c'est celle de Napoléon qui s'élève majestueuse sur cette magnifique place. Mais pour accomplir ce patriotique devoir, nous avons attendu des jours meilleurs; nous avons attendu que la France, renversant par deux secousses violentes deux gouvernements qu'elle ne s'était pas donnés, rappelât dans son sein l'auguste famille exilée, et que, par trois immenses acclamations, elle plaçât sur le trône auquel Napoléon avait donné un si grand éclat, le digne héritier de son nom.

Ah! sa grande âme doit se réjouir là haut en voyant avec quelle haute et ferme intelligence son œuvre est continuée.—Qui de vous, en effet, n'est frappé des merveilles qui s'accomplissent sous le règne de Napoléon III?.... La société française, et peut-être le monde entier, arrachés à l'anarchie, la prospérité publique prenant un essor prodigieux, la France, naguère encore à la remorque des Nations, placée à la tête des intérêts européens et les entraînant dans son orbite, sans vaine bravade, sans ostentation, mais par le seul ascendant de la puissance morale du gouvernement de l'Empereur et par l'attitude qu'il a prise dans la grande lutte qui s'est engagée en Orient. En tirant l'épée Napoléon III, défend la cause du droit et de la justice contre la plus abominable des agressions, il entreprend la guerre sainte de la civilisation contre la barbarie et il dotera le monde d'une paix durable en contenant dans de justes limites l'ambition déréglée du despote moscovite.

Dieu protégera nos armes, parce qu'elles soutiennent le faible contre le fort, la justice contre l'iniquité!

Oui, Messieurs, le moment est bien choisi pour rendre un solennel hommage à la mémoire immortelle de Napoléon Ier, dont cette incomparable statue, véritable chef-d'œuvre de l'art, représente les traits majestueux.

Honneur à vous, habitants de Bastia, d'avoir entrepris cette noble et sainte tâche; la Corse entière vous en félicite. Déjà elle s'est associée à vos généreux efforts et dans ce moment elle s'associe à votre patriotique enthousiasme en criant avec vous :

VIVE L'EMPEREUR !

Par M. Thuillier, préfet de la Corse,

MESSIEURS,

C'est un beau spectacle que celui de cette foule émue et enthousiaste, qui vient contempler la statue de l'Empereur, ses traits calmes et antiques, sa noble figure si profondément gravée dans la mémoire et dans le cœur du peuple.

Le chef-d'œuvre de Bartolini est dignement placé sur ce rivage, au sein de cette patriotique cité, en face des côtes d'Italie qui rappellent les noms immortels d'Arcole, de Lodi, Castiglione et Marengo.

Soldat sublime, Napoléon n'eut pas d'égal sur la terre : il distribua les fiefs à ses capitaines et les couronnes à sa famille ; cinquante millions d'hommes, depuis les Pyrénées jusqu'au Jutland, depuis Naples jusqu'à la Baltique, reçurent ses lois ; Rome, Florence, Turin, Bruxelles et tant d'autres capitales n'étaient plus que des chefs-lieux de ses provinces ; armé d'un pouvoir immense, vainqueur de cent batailles, il avait ressaisi le sceptre de Charlemagne, son empire était sans limites comme sa gloire, et à 36 ans au milieu de l'admiration universelle il montait sur le plus beau trône de l'Europe. — Vu à travers le lointain des âges, l'Empereur paraîtra comme un demi-Dieu, et le récit de ses victoires semblera fabuleux comme une légende dans sa splendeur héroïque.

Mais Napoléon ne fut pas seulement un grand conquérant ; au génie de la guerre il joignit le génie de la paix et du gouvernement, il restaura la religion et l'autorité, il dota la France de ce code impérissable que les nations nous envient et qui a consacré les conquêtes de la démocratie, le droit, la justice, l'égalité, par des garanties qu'aucune de nos commotions n'a pu ébranler. Médiateur entre le passé et l'avenir, empruntant à l'ancien régime ce qui était nécessaire, à la révolution ce qui était vrai, il réconcilia deux siècles ennemis et fonda la civilisation moderne.

Pour que rien ne manquât à sa gloire, Dieu a voulu que son œuvre fût achevée par sa postérité. Après deux révolutions, la patrie en péril, acclamant d'une voix unanime l'héritier de son nom et de son génie, lui a confié avec le pouvoir suprême le soin de son salut, dans un de ces mouvements prodigieux de l'opinion dont l'impulsion, mystérieuse comme la main de la Providence, est irrésistible comme elle pour arracher les peuples aux entraînements qui les perdent et pour les conduire aux destinées qui les sauvent.

L'Empire nouveau, ce n'est pas seulement le couronnement d'un homme et la restauration d'une famille, c'est la grandeur du pays sans les périls de la conquête, c'est la paix dans l'honneur et dans la dignité, c'est avant tout la France élevée à la plus haute puissance, et retrouvant dans les luttes fécondes de la civilisation et les conquêtes pacifiques du travail cette souveraineté de son génie, dont Louis XIV avait fait l'apanage de son passé et dont Napoléon a fait le droit et la nécessité de son avenir. Voilà l'Empire qui nous est rendu par le neveu de l'Empereur.

Désormais notre patrie a reconquis son rang et son influence dans le monde, elle est redevenue la grande nation, et son nouvel Empereur commande l'estime des peuples par la profonde sagesse de sa politique, tout en portant haut et ferme le drapeau national, comme il sied à un Bonaparte qui tient dans sa main la victorieuse épée de la France.

La grande âme de Napoléon a dû tressaillir en voyant ses aigles planer de nouveau sur nos bataillons et reprendre leur vol vers ces plages de l'Orient qui retentissent encore du bruit de ses combats. Son ombre, qui nous protége, est au milieu de nos jeunes guerriers avec un prince de sa race, le noble fils de son dernier frère, du Roi-Soldat qui sous les murs de Paris et dans les plaines de la Belgique combattit jusqu'à la fin pour notre indépendance nationale.

Armés pour une noble cause, nos soldats se montreront dignes de leurs pères; comme eux, ils meurent et ne se rendent pas. Ils sauront bientôt, vous en avez tous le patriotique pressentiment, ajouter une page glorieuse à nos fastes militaires et des noms également immortels à ceux de Friedland, d'Eylau, d'Austerlitz que la Russie a oubliés mais dont l'histoire gardera l'éternel souvenir. — (*A ces derniers mots une immense acclamation s'élève; les applaudissements et les cris de* Vive l'Empereur! *retentissent de toutes parts.)*

Habitants de la Corse,

Livrez-vous aux généreux élans de votre enthousiasme, laissez éclater votre juste orgueil, c'est cette petite île qui a vu naître l'Empereur Napoléon Ier, le plus grand des hommes. Soyez fiers à jamais, la Corse a donné une quatrième dynastie à la France, des rois à l'Europe et un maître au monde.

Messieurs, VIVE L'EMPEREUR !

Par M. Lota, maire de Bastia,

MESSIEURS,

Il a été donné par la Providence à une seule famille, deux fois en un demi-siècle, de sauver la France de l'anarchie, et de ramener dans ce beau pays le calme et la prospérité publique. Aussi la France en a-t-elle récompensé Napoléon et son héritier par la souveraine puissance dont elle les a revêtus.

Nous avons été témoins des prodiges opérés par le Génie tutélaire des destinées de la Patrie apparaissant aux époques de crise pour imposer aux partis au profit de l'ordre, pour rétablir l'autorité dans la force et lui concilier la confiance de la société rassurée. Quelles émotions ce merveilleux spectacle, qui est encore sous nos yeux, n'a pas fait naître dans tous les cœurs en France?

Le passage des grands hommes sur la terre est seul capable de susciter de ces évènements qui commandent les hommages des peuples, la reconnaissance et l'admiration et leur font élever des statues. Nous ne pouvions rester étrangers à ce mouvement des esprits, nous autres Corses si éminemment Français, alors qu'il s'agissait de la gloire de Napoléon et des fastes de l'Empire.

Cette statue que nous inaugurons aujourd'hui a décoré longtemps l'atelier d'un célèbre sculpteur à Florence où elle était considérée comme un objet d'art et de curiosité, comme un débris de ce vaste Empire français fondé par un seul homme et tombé avec lui. L'artiste seul peut-être, à cette époque, rêvait pour son chef d'œuvre l'honneur de la place publique, les applaudissements d'une population entière et l'éclat d'une fête nationale comme celle qui nous réunit en ce moment.

Nous avons entendu M. Bartolini exprimer la pensée — que son Napoléon, ainsi l'appelait-il, fût, quelque jour, l'ornement d'une ville de Corse où le culte de la mémoire du Grand Homme serait impérissable, où son image du moins resterait en vénération.

C'était l'âme d'un grand artiste s'épanchant d'un ton mêlé de prière sous l'influence de cet instinct divinatoire que les anciens accordaient aux hommes favorisés du Ciel. Ses paroles ne frappaient alors que des oreilles incrédules, mais plus tard, quand l'avenir de la France se montra sous des voiles moins impénétrables, nous nous rappelâmes les paroles de Bartolini, ses offres généreuses. On aimait à se répéter ce qu'on avait entendu de la bouche même du célèbre sculpteur, et de proche en proche l'idée s'en propageant on conçut l'espoir de réaliser son projet devenu le projet de tout le monde.

L'administration municipale a donc été l'interprète d'un vœu populaire à Bastia, quand elle a entrepris de faire l'acquisition de cette statue de l'Empereur pour l'ériger ici à cette place où, encadrée dans un vaste horizon, les premiers rayons du soleil naissant viendraient illuminer son front en regard de cette île d'Elbe qui fut, après de glorieux revers, une des dernières étapes du Grand Capitaine.

Nos efforts pour accomplir cette tâche ont été couronnés de succès, grâces à l'appui bienveillant que nous a prêté l'administration supérieure du département. Par son concours et par celui des hommes dévoués à la dynastie qui ont répondu à notre appel, nous avons pu surmonter de sérieuses difficultés. N'oublions pas le désintéressement des héritiers Bartolini dans les arrangements pris avec la Commune, désintéressement d'autant plus digne d'éloges qu'il leur a été inspiré par le respect de la volonté de leur père et le désir manifesté par lui, que la statue de l'empereur Napoléon appartînt à la Corse. Enfin, toutes les classes de la population ont rivalisé de zèle, et il est vrai de dire que chacun a apporté sa pierre à ce monument national.

Des renseignements authentiques nous permettent d'affirmer que cette statue avait été commandée pour la ville de Livourne. Ce fait nous aimons à le constater, parce qu'il semble nous rapprocher de la destination originaire du monument, et parce qu'il nous permet de pénétrer dans la pensée de l'artiste. Chose singulière en effet, Bartolini n'a pas donné une épée à l'Empereur qui était alors au faîte de la gloire militaire. Bartolini a refusé de voir en Napoléon le guerrier couronné par la victoire. Son héros est un législateur armé d'un sceptre pacifique; c'est le fondateur d'un Empire nouveau et le chef d'une dynastie qui commence. Une œuvre d'art n'est rien si elle ne porte pas avec elle la manifestation sensible d'une idée vraie. Les lois, fondement des Empires, garantie de leur durée: voilà l'idée que l'artiste a traduite dans le marbre, et en accord avec cette idée son ciseau a imprimé à la physionomie de son héros cette sérénite, ce calme qui sont le caractère de l'art antique.

Destinée à une ville maritime italienne, cette statue est arrivée à une ville maritime française, à la suite des grands événements qui ont rétabli les nationalités et à travers les vicissitudes des temps qui ont changé l'esprit humain. Bartolini, qui travaillait au bruit des armes, planait au dessus de cette région agitée, envisageant le culte des lois qui devait remplacer l'amour des conquêtes, à la guerre succédant la paix avec le cortége des arts utiles et d'un commerce florissant.

Nous avons enlevé à Florence un chef d'œuvre de son dernier sculpteur qui nous convenait à merveille. Nous l'élevons sur son piédestal en même temps que le temple de la Justice, en même temps que notre Port s'agrandit pour suffire à notre commerce toujours croissant. L'image de Napoléon ne peut que lui porter bonheur.

Déjà nous voyons une activité inconnue s'emparer de notre pays pour en tirer des richesses trop négligées jusque là. La charrue se promène sur des terres naguères encore couvertes d'arbres séculaires ou d'eaux croupissantes. Les marais disparaissent, un système d'irrigation convertit ces eaux, qui étaient un foyer d'émanations meurtrières, à l'usage de l'agriculture et de l'industrie. Notre île est sillonnée de toute part de routes, de chemins que l'on commence ou que l'on achève.

La ville de Bastia devient un centre de communications qui donneront de nouvelles facilités à son commerce. La paix revient au cœur des Corses, tandis que leurs passions natives s'éteignent dans d'utiles occupations. Et tout cela s'opère sous nos yeux par l'effet de bonnes lois, par l'ascendant de l'autorité, avec une facilité qui nous étonne et qui nous pénètre de la plus profonde reconnaissance. Que ce monument en soit le témoignage durable! Qu'il marque le point de départ de cette existence nouvelle des populations de la Corse, prenant leur essor vers l'agriculture et l'industrie par la sage impulsion du gouvernement de Napoléon III qui a tant de droits acquis à nos plus vives sympathies.

VIVE L'EMPEREUR!

Par M. Ruelle, Recteur de l'Académie de la Corse,

MESSIEURS,

Après les éloquents discours que vous venez d'entendre et que vous avez honorés de vos justes applaudissements, je devrais peut-être garder un silence que me conseillent la prudence et la modestie, mais qui serait peu d'accord avec mon devoir, ma position et mes sentiments. Je viens donc, au nom du corps enseignant que j'ai l'honneur de représenter à cette solennité patriotique, payer notre tribut d'admiration et de reconnaissance au glorieux fondateur de l'Université, de cette grande et belle institution nationale, qui, depuis près de cinquante ans, répand des flots de lumière sur notre pays, et qui, après avoir traversé tant d'écueils, échappé à tant de dangers, subi tant de vicissitudes, est aujourd'hui retrempée et rajeunie par le magnanime successeur de Napoléon le Grand . . . .

. . . .

Je n'ai que quelques mots à dire, Messieurs. En effet, je ne sais pas si aucune langue humaine pourrait dignement retracer les prodiges sans nombre de cette magnifique épopée qui a imprimé à la nation française et à son héros-législateur un caractère de grandeur incomparable, impérissable, éternelle . . . .

. . . .

L'histoire, la poésie, l'éloquence, la peinture, la sculpture ont vainement essayé de s'élever à la hauteur d'un génie qui n'eut jamais rien d'égal jusqu'ici parmi les hommes et que rien ne saurait surpasser. J'en atteste ce chef-d'œuvre de l'art qui est sous vos yeux : dites-moi, Messieurs, si cette statue avec ses merveilleuses proportions, avec sa sublime beauté, vous donne une idée exacte et parfaite du grand Homme qu'elle représente, et si votre pensée et votre imagination ne vont pas encore plus haut et plus loin, c'est-à-dire, plus près de la vérité. Qui donc pourrait raconter ces batailles de géants, ces peuples vaincus, ces nations subjuguées, ces ligues dissipées, en un mot, cette vieille Europe, remuée jusqu'en ses profondeurs, s'inclinant avec crainte et respect devant le plus grand homme des temps anciens et des temps modernes? Qui redira les admirables travaux accomplis à l'intérieur, l'anarchie vaincue et enchaînée, les autels de Dieu relevés, l'ordre rétabli, l'autorité et les lois respectées, toutes les administrations publiques fortement et puissamment organisées et s'appuyant, dans leur ensemble, sur une base solide et profonde, sur un monument éternel, le *Code Napoléon?* Pour raconter la vie d'un tel homme, Messieurs, un Plutarque serait trop petit; il faudrait à la fois un Bossuet et un Homère . . . .

. . . .

Ajouterai-je que NAPOLÉON Ier a semé et répandu tous ces germes de force, de prospérité, de grandeur et de puissance que le digne héritier de son nom, de sa gloire et de son génie, développe aujourd'hui avec tant de sagesse, avec tant de courage, avec tant d'éclat, avec tant de patriotisme? . . . .

. . . .

Honneur immortel de notre Corse, gloire chérie et vénérée de la France, lumière vivante du monde, Napoléon le Grand, reçois du haut des voûtes éternelles, l'hommage enthousiaste que t'offre un pays si fier, si justement fier de t'avoir donné la naissance; je vois en ce moment sur ton noble front briller un rayon de ton soleil d'Austerlitz, de ce soleil qui éclaire, en ce jour, le nouveau et pacifique triomphe que te réservaient la justice, l'amour et la reconnaissance. Dieu qui, dans sa munificence infinie, t'avait doté de tous les talents, de toutes les vertus, te destinait aussi toutes les gloires, et la première de toutes, celle de l'infortune noblement et courageusement supportée. Oui, lorsque tu expirais en héros chrétien, entre les bras de quelques fidèles serviteurs, loin de ton pays, de ta famille, sur un volcan à demi-éteint des mers lointaines et inhospitalières, tu acquérais alors le plus grand, le plus beau, le plus saint titre à l'immortalité. Ton nom passera à la postérité la plus reculée, à travers les bénédictions, les acclamations de tous les âges, de tous les peuples, de toutes les sociétés humaines.

Vive l'Empereur!!

(Ce discours a été improvisé.)

Mgr Casanelli d'Istria, Évêque d'Ajaccio, a pris ensuite la parole en ces termes :

HABITANTS DE BASTIA,

Le monument que vous élevez avec tant d'éclat au fondateur de la dynastie qui préside aujourd'hui si heureusement aux destinées de la France, après l'avoir sauvée deux fois de l'anarchie, est un acte de patriotisme qui vous honore doublement comme Français et comme Corses.

En nous priant avec tant d'instance de nous y associer, vous avez témoigné de votre foi dans Celui par qui seul les rois règnent et hors duquel rien de stable ne saurait être fondé dans ce monde.

Heureux de répondre dans ce moment à vos pieux désirs, c'est d'un cœur profondément sympathique pour vos affections que nous élevons les mains vers le Ciel pour faire descendre ses bénédictions , non sur une pierre froide et inanimée , emblême fragile d'une existence plus fragile encore, mais sur la population fidèle qui l'a érigée.

Qu'elles coulent donc avec abondance ces bénédictions, sur vous Mes Frères, et sur tout ce qui vous appartient ou vous intéresse. Qu'elles fécondent et enrichissent vos âmes, images vivantes d'un type infiniment plus beau, prédestinées à une immortalité bien autrement durable par le sceau divin dont elles sont marquées. Puissent-elles déborder sur nos institutions, pour les faire grandir et prospérer sous l'égide de cette religion sainte dont vous reconnaissez si hautement le pouvoir et dont vous implorez si ardemment les secours. Puissent-elles affermir le sol trop mouvant de notre patrie, afin qu'aucune agitation nouvelle ne vienne troubler désormais notre paix et notre sécurité. Que le bras de Dieu nous protège contre nos ennemis! *qu'il dissipe la nation qui s'est obstinée à vouloir la guerre*! qu'il la brise dans sa puissance et qu'après de glorieux combats, il ramène bientôt dans nos foyers, des extrémités de l'Orient, nos armées victorieuses! Nous avons la confiance que nos prières ne monteront pas en vain jusqu'au trône du Très-Haut. Le sang de la victime sans tache que nous venons d'offrir sur l'autel nous en est la plus douce garantie.

Efforcez-vous, Nos Très-Chers Frères, de seconder une aussi précieuse médiation par votre fidélité à tous les devoirs que vous impose le double lien de foi et d'origine commune qui vous attache à celui dont vous voulez perpétuer parmi vous la mémoire.

C'est par là que vous vous rendrez dignes du nom de chrétiens et que vous ajouterez un nouvel éclat à toutes les autres qualités dont vous vous glorifiez à si juste titre.

Après cette allocution, le Prélat a béni solennellement le peuple et la ville. Le défilé des troupes a commencé. Il a eu lieu aux cris plusieurs fois répétés de : *Vive l'Empereur.*

Le soir il y a eu un banquet auquel ont assisté toutes les autorités, M. Fremy, conseiller d'État en mission en Corse, ainsi que les membres du Conseil municipal.

Les toasts suivants ont été portés,

Par M. le général Talandier,

A L'Empereur.

Messieurs,

J'ai l'honneur de porter un toast à Sa Majesté Napoléon III, notre auguste Empereur, descendant de cette noble souche, dont la Corse s'enorgueillit à si juste titre.

Sur le trône où la Providence l'a élevé, il montre aujourd'hui au monde entier les hautes et belles qualités qui le distinguent, qualités qui promettent à la France, grandeur, force et prospérité.

Remercions le Ciel de l'avoir mis à notre tête et faisons des vœux pour son bonheur, qui est celui de tout son peuple.

A Sa Majesté Napoléon III.

Par M. Lota, maire,

A l'Impératrice.

Le monument que la ville de Bastia vient d'élever est un hommage de la Corse au fondateur de la dynastie régnante; c'est aussi l'expression durable des sentiments qui animent notre département pour celui qui a hérité de sa fortune et de ses grandes qualités.

Le monument de Napoléon passera à nos arrière-neveux. Mais en considérant les générations qui vont nous suivre, nous associons naturellement dans notre pensée et dans les mêmes sentiments de respect, de dévouement et de reconnaissance, qui nous animent envers l'Empereur, l'auguste Princesse qui partage avec lui le trône, assise à ses côtés comme l'image de la bonté auprès de la force, et l'emblême de la bienfaisance tempérant l'austérité du commandement; comme le gage enfin de l'avenir qui est réservé à l'Empire et à la Dynastie Napoléonienne.

A l'Impératrice.

Par M. Fremy, conseiller d'État,

A la prospérité de la Corse.

Messieurs,

En quittant Paris pour m'acquitter de la mission qui m'est confiée, je ne m'attendais pas à l'honneur de participer à cette réunion. Je suis heureux de cette circonstance qui me permet de m'associer à vos sentiments dans une solennité éminemment nationale.

Fidèle à son origine, l'Empereur à qui vous venez d'ériger un monument disait, en parlant de son île natale, qu'il voulait lui consacrer une armée de 30,000 hommes et 30 millions. — Cette parole n'était qu'une formule saisissante comme toutes les pensées sorties de sa puissante imagination. Elle signifiait qu'à tout prix, il voulait pacifier et enrichir la Corse.

Distrait de cette pensée par les exigences impérieuses d'une guerre sans exemple, Napoléon Ier ne put réaliser ses projets, mais le souvenir et l'attachement qu'il gardait pour ce pays étaient un héritage qui devait prospérer un jour.

L'Empereur Napoléon III chez qui la religion des souvenirs est si puissante, ne pouvait manquer de recueillir pieusement le vœu exprimé par le chef de sa dynastie.

Un des premiers actes de son gouvernement a été l'exécution partielle de la tâche que se proposait Napoléon Ier.

Grâce à la prohibition du port d'armes et à l'intelligente sympathie avec laquelle cette mesure a été reçue, le premier danger a été écarté, la paix intérieure a été conquise.

C'était la première et la plus indispensable des garanties.

Ce succès si heureusement obtenu, l'Empereur a voulu en tirer immédiatement toutes les conséquences.

La vaine pâture était un obstacle permanent aux progrès de l'agriculture.

Une loi votée dans les derniers jours de la session qui vient d'expirer va mettre un terme à cet abus. Elle permettra d'employer désormais plus utilement les bras occupés à ces clôtures innombrables sans lesquelles l'agriculteur corse était certain de voir anéantir le fruit de ses efforts.

Mais les mesures que je viens de rappeler n'étaient que des mesures générales.

La pensée de l'Empereur est allée plus loin. Il a voulu essayer des moyens *directs* de développer le germe de la principale richesse du pays, je veux dire l'agriculture.

C'est dans ce but, Messieurs, que j'ai été chargé de parcourir votre département et de rechercher s'il n'offrait pas un emplacement propre à recevoir soit une colonie correctionnelle, soit un autre établissement non moins efficace pour le bien du pays.

J'ai lieu d'espérer que mes investigations n'auront point été entièrement inutiles et que bientôt la Corse renfermera dans la colonie projetée les seuls éléments de richesse qui lui manquent : des bras habitués au travail et des sujets préparés à l'agriculture.

Vous le voyez, Messieurs, le gouvernement de l'Empereur s'occupe activement de la Corse. Une telle sollicitude vous impose des devoirs plus étroits ; vous devez seconder la bienveillance du chef de l'État par vos propres efforts. Nulle part, en effet, la maxime « aide-toi le ciel t'aidera » n'est plus vraie que parmi vous.

Il m'est d'autant plus facile de tenir ici ce langage que de tous les points de la Corse, Bastia est un de ceux où l'activité industrielle et commerciale a pris le plus d'essor. Personne n'ignore le rang qu'elle occupe déjà parmi les villes maritimes de la France. Sous ce rapport, elle peut dignement servir d'exemple aux autres parties de l'île. Cet exemple, s'il est suivi, comblera l'un des vœux les plus chers au cœur de l'Empereur, ce vœu c'est la prospérité de la Corse.

En ce qui me concerne, je le répète, je suis particulièrement heureux et honoré d'avoir été associé à cette tâche.

Messieurs, je bois à la prospérité de la Corse.

www.ingramcontent.com/pod-product-compliance
Ingram Content Group UK Ltd.
Pitfield, Milton Keynes, MK11 3LW, UK
UKHW020459230726
13925UKWH00005B/2028